पेटेंट और पेटेंट कानून का परिचय

शिव प्रसाद बोस

जय बोस

विषयसूची

प्रस्तावना

पेटेंट बौद्धिक संपदा का एक प्रमुख घटक है और नवाचार की प्रक्रिया के लिए महत्वपूर्ण है। उनके कई उपयोग हैं। एक आविष्कारकों को पुरस्कृत करना और उन्हें समाज की बेहतरी के लिए आविष्कार करने के लिए प्रेरित करना, नवाचार की संस्कृति को विकसित करना है। दूसरा यह है कि आविष्कारकों को बेईमान लोगों द्वारा उनके विचारों को चुराने और मुनाफा कमाने से बचाया जाए।

इस पुस्तक में हम भारत में पेटेंट और बौद्धिक संपदा से संबंधित कानूनों के साथ-साथ पेटेंटिंग और फाइलिंग प्रक्रिया का एक सिंहावलोकन पेश करते हैं। हम एक अच्छा पेटेंट कैसे बनाया जाए, इसके बारे में कुछ युक्तियों पर भी चर्चा करते हैं।

भारत में पेटेंट प्रणाली का एक लंबा और समृद्ध इतिहास है। पेटेंट अधिनियम 1970 और उसके बाद के संशोधन — विशेष रूप से WTO के TRIPS समझौते के अनुरूप 2005 का संशोधन — ने देश में बौद्धिक संपदा की रक्षा और व्यावसायीकरण के तरीके को आकार दिया है। जैसे-जैसे भारत प्रौद्योगिकी, फार्मास्युटिकल और इंजीनियरिंग नवाचार के केंद्र के रूप में बढ़ता जा रहा है, पेटेंट प्रणाली को समझना

इंजीनियरों, वैज्ञानिकों, वकीलों, उद्यमियों और व्यापार पेशेवरों सभी के लिए एक आवश्यक कौशल बन गया है।

यह पुस्तक उन सभी के लिए है जो पेटेंट की दुनिया में पहला कदम रख रहे हैं — चाहे वे अपना पहला पेटेंट दाखिल करने वाले आविष्कारक हों, अपने विचार की रक्षा करने वाले स्टार्टअप संस्थापक हों, या पेटेंट प्रणाली को समझने के इच्छुक जिज्ञासु पाठक हों। इस पुस्तक में पूर्व कानूनी ज्ञान की आवश्यकता नहीं है। हमने सामग्री को सरल भाषा में, उदाहरणों, चित्रों और वास्तविक मामलों के संदर्भों के साथ प्रस्तुत करने का प्रयास किया है।

पुस्तक में निम्नलिखित विषय शामिल हैं: बौद्धिक संपदा और पेटेंट की मूल बातें; पेटेंट अधिनियम 1970 और संबंधित कानून; भारत के पेटेंट कार्यालयों की संरचना; पेटेंट आवेदन दाखिल करने की चरण-दर-चरण प्रक्रिया; डिजाइन थिंकिंग और TRIZ जैसी रणनीतियाँ जो एक मजबूत पेटेंट विचार विकसित करने में मदद करती हैं; और पेटेंट उल्लंघन के मामले में कानूनी प्रक्रिया। हमें आशा है कि यह पुस्तक अधिक भारतीय आविष्कारकों को पेटेंट प्रणाली से परिचित कराने और अपने विचारों को सुरक्षित तथा व्यावसायिक रूप से उपयोगी बनाने में मदद करेगी।

लेखकों के बारे में

शिव प्रसाद बोस भारत में कानून के पहलुओं पर परिचयात्मक गाइड के लेखक हैं। उन्होंने कोलकाता के जादवपुर विश्वविद्यालय से इंजीनियरिंग की डिग्री प्राप्त की और मेरठ विश्वविद्यालय, मेरठ से कानून की डिग्री प्राप्त की। उनकी रुचि परिवार कानून, नागरिक कानून, अनुबंधों के कानून और बिजली बिजली से संबंधित मुद्दों से संबंधित कानून के क्षेत्रों में है।

जय बोस पेशे से डेटा साइंटिस्ट और रिसर्चर हैं। उनके पास यूएस पेटेंट कार्यालय (USPTO) में 5 स्वीकृत पेटेंट हैं, 2 भारत पेटेंट कार्यालय में पेटेंट दिए गए हैं, और विभिन्न पेटेंट कार्यालयों में कई दायर पेटेंट हैं।

अध्याय 1
भारत में पेटेंट कानूनों का परिचय

ट्रेडमार्क और कॉपीराइट के साथ पेटेंट बौद्धिक संपदा या आईपी (IP) के अंतर्गत आते हैं। इस अध्याय में हम भारत में बौद्धिक संपदा कानून के बारे में चर्चा करते हैं, जिसमें बौद्धिक संपदा के प्रकार क्या हैं और पेटेंट कानून के तहत क्या शामिल है।

1.1 बौद्धिक संपदा क्या है

बौद्धिक संपदा से तात्पर्य मानव मन की कृतियों से है। इनमें कॉपीराइट, ट्रेडमार्क, पेटेंट और औद्योगिक डिजाइन शामिल हैं।

1.1.1 पेटेंट

किसी उत्पाद के आविष्कार या किसी उत्पाद के निर्माण की प्रक्रिया के लिए पेटेंट दिया जाता है। वे उत्पाद के आविष्कारकों

को दूसरों द्वारा नकल किए जाने से रोकने के लिए अधिकार देते हैं। ये अधिकार सीमित अवधि के लिए सुरक्षित हैं, आमतौर पर 20 साल। यदि कोई उस प्रक्रिया या उत्पाद को कॉपी करने की कोशिश करता है जिसे बेचने या निर्माण करने के लिए पेटेंट कराया गया है, तो उन्हें पेटेंट के उल्लंघन के नुकसान या पेटेंट के मालिक को रॉयल्टी का भुगतान करना होगा।

1.1.2 औद्योगिक डिजाइन

ये उत्पाद के दृश्य डिजाइन को कवर करते हैं, जिसमें उसका रंगरूप भी शामिल है। इसमें उत्पाद के आकार और रंग जैसी विशेषताएं शामिल हो सकती हैं। उदाहरणों में एक चिप का डिज़ाइन शामिल है।

1.1.3 भौगोलिक संकेतक

ये उन उत्पादों को संदर्भित करते हैं जो किसी देश या स्थान को संदर्भित करते हैं जहां उत्पाद निर्मित के रूप में जुड़ा हुआ है। उदाहरण अल्फांसो आम और बनारसी साड़ी और बासमती चावल हैं।

1.1.4 कॉपीराइट

कॉपीराइट का तात्पर्य पुस्तकों सहित निर्मित कार्यों के साथ-साथ गीतों और चित्रों जैसे कलात्मक कार्यों से है। कॉपीराइट से संबंधित कानूनों का उद्देश्य बनाए गए कार्यों को कॉपी होने से रोकना है, और यह सुनिश्चित करना है कि केवल मूल निर्माता को उनके बनाए गए कार्य से लाभ मिले।

1.1.5 ट्रेडमार्क

ट्रेडमार्क एक निर्माता या उत्पादों के विक्रेताओं के अद्वितीय दृश्य प्रतीकों या संकेतकों के लिए दिए जाते हैं, जैसे कार कंपनी का लोगो। वे ट्रेडमार्क रजिस्ट्री के तहत पंजीकृत हैं। ट्रेडमार्क का उद्देश्य यह सुनिश्चित करना है कि उत्पाद की प्रतिलिपि नहीं बनाई गई है और यह उत्पाद की गुणवत्ता और ब्रांड का संकेतक है, इसलिए ग्राहक और अन्य हितधारक उत्पाद खरीदने का निर्णय लेते समय इसकी पहचान कर सकते हैं।

1.2 भारत में पेटेंट कानून क्या है

भारत में बौद्धिक संपदा कानून में कॉपीराइट अधिनियम 1957 (कॉपीराइट के लिए), पेटेंट अधिनियम 1970, ट्रेडमार्क अधिनियम 1999, डिजाइन अधिनियम 2000 (औद्योगिक डिजाइन के लिए) आदि सहित कई कानून शामिल हैं।

इस पुस्तक में हम पेटेंट से संबंधित कानूनों पर ध्यान केंद्रित करते हैं।

भारत में पेटेंट कानून निम्नलिखित उपखंडों में अधिनियमों द्वारा शासित होता है।

1.2.1 पेटेंट अधिनियम 1970

यह मूल अधिनियम है जो भारत में पेटेंट कानूनों को समेकित करता है। इसमें कई बार संशोधन किया जा चुका है।

1.2.2 पेटेंट (संशोधन) अधिनियम 2005

इस अधिनियम ने विश्व व्यापार संगठन (WTO) के बौद्धिक संपदा अधिकारों (TRIPS) के व्यापार-संबंधित पहलुओं के अनुरूप होने के लिए भारतीय पेटेंट अधिनियम को संशोधित किया।

1.2.3 पेटेंट (संशोधन) नियम 2019

इसमें पेटेंट की ई-फाइलिंग और इसी तरह की प्रक्रियाओं पर विस्तृत नियम शामिल हैं।

THE PATENTS ACT, 1970

[39 of 1970, dt. 19-9-1970]

[As amended by Patents (Amdt.) Act, 2005 (15 of 2005), dt. 4-4-2005]

An Act to amend and consolidate the law relating to patents

Be it enacted by Parliament in the Twenty first Year of the Republic of India as follows:

CHAPTER I

PRELIMINARY

1. Short title, extent and commencement

(1) This Act may be called the Patents Act, 1970.

(2) It extends to the whole of India.

(3) It shall come into force on such date as the Central Government may, by notification in the Official Gazette, appoint:

PROVIDED that different dates may be appointed for different provisions of this Act, and any reference in any such provision to the commencement of this Act shall be construed as a reference to the coming into force of that provision.

2. Definitions and interpretation

(1) In this Act, unless the context otherwise requires,—

[1][(a) "Appellate Board" means the Appellate Board referred to in section 116;

(ab) "assignee" includes an assignee of the assignee and the legal representative of a deceased assignee and references to the assignee of any person include references to the assignee of the legal representative or assignee of that person;

[2][(aba) "Budapest Treaty" means the Budapest Treaty on the International Recognition of the Deposit of Micro-organisms for the Purposes of Patent Procedure done at Budapest on 28th day of April, 1977, as amended and modified from time to time;]

(ac) "capable of industrial application", in relation to an invention, means that the invention is capable of being made or used in an industry;]

(b) "Controller" means the Controller-General of Patents, Designs and Trade Marks referred to in section 73;

(c) "convention application" means an application for a patent made by virtue of section 135;

[1][(d) "convention country" means a country or a country which is member of a group of countries or a union of countries or an Inter-governmental organisation preferred to as a convention country in section 133;]]

(e) "district court" has the meaning assigned to that expression by the CPC, 1908;

(f) "exclusive licence" means a licence from a patentee which confers on the licensee, or on the licensee and persons authorised by him, to the exclusion of

चित्र 1. पेटेंट अधिनियम 1970

MINISTRY OF LAW AND JUSTICE

(Legislative Department)

New Delhi, the 5th April, 2005/Chaitra 15,1927 (Saka)

The following Act of Parliament received the assent of the President on 4th April, 2005, and is hereby published for general information:—

THE PATENTS (AMENDMENT) ACT, 2005

No. 15 OF 2005

[4th April, 2005.]

An Act further to amend the Patents Act, 1970.

BE it enacted by Parliament in the Fifty-sixth Year of the Republic of India as follows:—

1. (*1*) This Act may be called the Patents (Amendment) Act, 2005. Short title and commencement.

(2) Sub-clause (*ii*) of clause *(a)*, and clause *(b)*, of section 37, sections 41,42,47,59 to 63 (both inclusive) and 74 shall come into force on such date as the Central Government may, by notification in the Official Gazette, appoint; and the remaining provisions of this Act shall be deemed to have come into force on the 1st day of January, 2005.

39 of 1970 2. In section 2 of the Patents Act, 1970 (hereinafter referred to as the principal Act), in sub-section (*1*),— Amendment of section 2.

(a) after clause *(ab)*, the following clause shall be inserted, namely:—

'*(aba)* "Budapest Treaty" means the Budapest Treaty on the International Recognition of the Deposit of Micro-organisms for the Purposes of Patent Procedure done at Budapest on 28th day of April, 1977, as amended and modified from time to time;';

(b) in clause *(d)*, for the words, brackets and figures "notified as such under sub section (*1*) of section 133", the words and figures "referred to as a convention country in section 133" shall be substituted;

(c) clause (g) shall be omitted;

(d) in clause *(h)*,—

(*i*) in sub-clause *(iii)*, after the words and figures "the Companies Act, 1956", the word "; or" shall be inserted; 1 of 1956

(ii) after sub-clause *(iii)*, the following sub-clause shall be inserted, namely:—

"*(iv)* by an institution wholly or substantially financed by the Government;";

(iii) the words "and includes the Council of Scientific and Industrial Research and any other institution which is financed wholly or for the major part by the said Council;" shall be omitted;

(e) for clause (*i*), the following clause shall be substituted, namely:—

'(*i*) "High Court", in relation to a State or Union territory, means the High Court having territorial jurisdiction in that State or Union territory, as the case maybe;';

(*f*) for clause *(ja)*, the following clause shall be substituted, namely:—

(ja) "inventive step" means a feature of an invention that involves technical advance as compared to the existing knowledge or having economic significance or both and that makes the invention not obvious to a person skilled in the art;';

चित्र 2. पेटेंट (संशोधन) अधिनियम 2005

रजिस्ट्री सं० डी० एल०-33004/99 REGD. NO. D. L.-33004/99

भारत का राजपत्र
The Gazette of India

असाधारण
EXTRAORDINARY
भाग II—खण्ड 3—उप-खण्ड (i)
PART II—Section 3—Sub-section (i)
प्राधिकार से प्रकाशित
PUBLISHED BY AUTHORITY

सं. 540] नई दिल्ली, मंगलवार, सितम्बर 17, 2019/भाद्र 26, 1941
No. 540] NEW DELHI, TUESDAY, SEPTEMBER 17, 2019/BHADRA 26, 1941

वाणिज्य और उद्योग मंत्रालय
(उद्योग संवर्धन और आंतरिक व्यापार विभाग)
अधिसूचना
नई दिल्ली, 17 सितम्बर, 2019

सा.का.नि. 683(अ).—पेटेंट अधिनियम, 1970 (1970 का 39) की धारा 159 की उपधारा (3) के अधीन यथापेक्षित प्रारूप नियम अर्थात पेटेंट (संशोधन) नियम, 2018 को ऐसे सभी व्यक्तियों से, जिनके उनसे प्रभावित होने की संभावना है, उस तारीख से, जिसको अधिसूचना वाले राजपत्र की प्रतियां जनसाधारण को उपलब्ध कराई गई थीं, तीस दिन की अवधि की समाप्ति से पूर्व आक्षेप और सुझाव आमंत्रित करने के लिए भारत के राजपत्र असाधारण, भाग-II, खण्ड 3, उप-खण्ड (i) में भारत सरकार, वाणिज्य और उद्योग मंत्रालय (औद्योगिक नीति एवं संवर्धन विभाग), की अधिसूचना संख्यांक सा.का.नि. 1172 (अ), तारीख 4 दिसंबर, 2018 द्वारा प्रकाशित किए गए थे;

और उक्त राजपत्र अधिसूचना की प्रतियां 5 दिसंबर, 2018 को जनसाधारण को उपलब्ध करा दी गई थीं;

और उक्त प्रारूप नियमों के संबंध में जनता से प्राप्त आक्षेपों और सुझावों पर केन्द्रीय सरकार द्वारा विचार किया गया है;

अतः अब, केंद्रीय सरकार, पेटेंट अधिनियम, 1970 (1970 का 39) की धारा 159 द्वारा प्रदत्त शक्तियों का प्रयोग करते हुए, पेटेंट नियम, 2003 का और संशोधन करने के लिए निम्नलिखित नियम बनाती है, अर्थात:-

1. संक्षिप्त नाम और प्रारम्भ –

(1) इन नियमों का संक्षिप्त नाम पेटेंट (संशोधन) नियम, 2019 है।

(2) ये राजपत्र में उनके प्रकाशन की तारीख को प्रवृत्त होंगे।

2. पेटेंट नियम, 2003 (जिसे इसमें इसके पश्चात उक्त नियम कहा गया है) के नियम 6 के उप-नियम (1क), के स्थान पर निम्नलिखित उप-नियम रखा जाएगा, अर्थात:-

4811 GI/2019 (1)

चित्र 3. पेटेंट नियम 2019

1.3 पेटेंट से संबंधित कार्यालय

भारतीय पेटेंट कार्यालय या IPO मुख्य संगठन है जो भारत में पेटेंट से संबंधित है। इसका प्रधान कार्यालय कोलकाता में है और चेन्नई, नई दिल्ली और मुंबई में इसकी शाखाएँ हैं। वेबसाइट https://ipindia.gov.in/ है। इनमें से प्रत्येक कार्यालय भारत के कई राज्यों को कवर करता है। उदाहरण के लिए, बैंगलोर और कर्नाटक संगठनों के पेटेंट चेन्नई कार्यालय में दायर किए जाएंगे, जिसमें दक्षिण भारत शामिल है।

भारतीय पेटेंट कार्यालय पेटेंट, डिजाइन और व्यापार चिह्न महानियंत्रक (CGPDTM) के कार्यालय के अंतर्गत आता है जो बौद्धिक संपदा से संबंधित सभी क्षेत्रों से संबंधित है। इसका कार्यालय मुंबई में स्थित है।

1.4 पेटेंट एजेंट और पेटेंट अटॉर्नी

पेटेंट वकील ऐसे वकील होते हैं जो पेटेंट कानून से अच्छी तरह वाकिफ होते हैं और अदालती मामले दर्ज कर सकते हैं और पेटेंट उल्लंघन से संबंधित अदालती मामलों में बहस कर सकते हैं। उनके पास कानून की डिग्री है और उन्होंने बार परीक्षा उत्तीर्ण की है और राज्य बार काउंसिल के साथ पंजीकृत हैं।

पेटेंट एजेंट वे हैं जो पेटेंट एजेंट परीक्षा में उत्तीर्ण हुए हैं, जो लगभग हर साल भारतीय पेटेंट कार्यालय द्वारा आयोजित की

जाती है। एक बार जब वे योग्यता प्राप्त कर लेते हैं और आवश्यक शुल्क का भुगतान कर देते हैं, तो उनका नाम पेटेंट एजेंटों के रजिस्टर में शामिल हो जाता है। पेटेंट एजेंटों को दूसरों की ओर से पेटेंट आवेदन का मसौदा तैयार करने और दायर करने की अनुमति है। अक्सर, उन्हें भारत सरकार द्वारा पेटेंट आवेदनों का मूल्यांकन करने के लिए नियोजित किया जाता है, या पेटेंट फर्मों द्वारा नियोजित किया जाता है जो कंपनियों और व्यक्तियों को पेटेंट दाखिल करने में मदद करते हैं।

एक पेटेंट वकील एक पेटेंट एजेंट भी हो सकता है, अगर उन्होंने परीक्षा उत्तीर्ण की है और इस तरह योग्यता प्राप्त की है। एक पेटेंट एजेंट पेटेंट वकील तभी हो सकता है जब उसके पास कानून की डिग्री हो और वह बार का सदस्य हो।

अध्याय 2
पेटेंट का परिचय

इस अध्याय में हम चर्चा करेंगे कि पेटेंट क्या है और पेटेंट फाइलिंग के मुख्य घटक क्या हैं।

2.1 पेटेंट क्या है

एक पेटेंट एक आविष्कार का एक नया विचार है जिसे एक पेटेंट निकाय (जैसे विश्व बौद्धिक संपदा संगठन WIPO या भारत पेटेंट कार्यालय IPO या यूएस पेटेंट कार्यालय USPTO) के साथ प्रलेखित और दायर किया गया है।

किसी विचार को पेटेंट कराने से आविष्कार को दूसरों की नकल करने और उससे लाभ उठाने से सुरक्षा मिलती है। पेटेंट विचार आमतौर पर पहले से अनसुलझी समस्या को हल करता है, या मौजूदा समाधानों की तुलना में इसे बेहतर या अधिक कुशल तरीके से हल करता है।

2.2 किसी आविष्कार या विचार की पेटेंट योग्यता के लिए मानदंड

एक पेटेंट के रूप में दिए जाने के लिए, एक आविष्कार को नवीनता, गैर-स्पष्टता, उपयोगिता आदि जैसे पेटेंट योग्यता मानदंडों को पारित करना होता है। सरल भाषा में, कुछ दिशानिर्देश इस प्रकार हैं:

- पेटेंट कराया जा रहा विचार या आविष्कार दुनिया में अद्वितीय होना चाहिए, यानी किसी और को उसी विचार को प्रकाशित या उपयोग नहीं करना चाहिए था
- यह मौजूदा विचारों का एक सरल संयोजन नहीं हो सकता है कि उसी क्षेत्र के अन्य विशेषज्ञ स्पष्ट रूप से सोचेंगे।
- इसकी एक वास्तविक उपयोगिता होनी चाहिए, या एक उपयोगी कार्य करना चाहिए
- विचार या आविष्कार के उल्लंघन का पता लगाना आसान होना चाहिए, अगर किसी ने इसे कॉपी किया है
- वर्तमान ज्ञान और प्रौद्योगिकी का उपयोग करके विचार को लागू करना संभव होना चाहिए

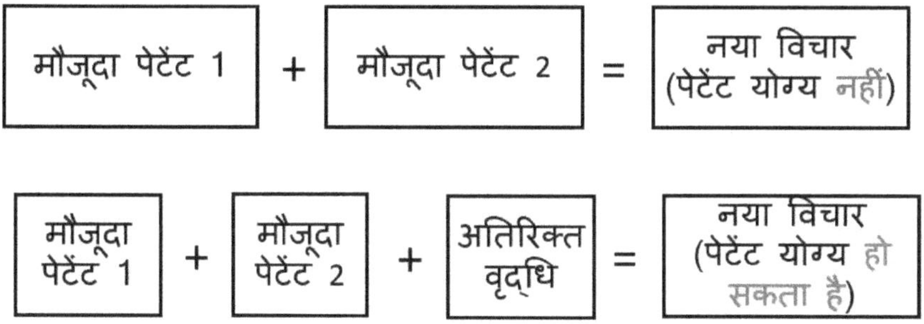

चित्र 4. विचार का एक उदाहरण: पेटेंट योग्य हो सकता है या नहीं भी हो सकता है

2.3 पेटेंट और अन्य बौद्धिक संपदा के प्रकार

जैसा कि अध्याय 1 में उल्लेख किया गया है, कई प्रकार के आईपी (बौद्धिक संपदा) हैं जैसे ट्रेडमार्क, कॉपीराइट आदि और पेटेंट उनमें से सिर्फ एक है। पेटेंट भी कई प्रकार के होते हैं जैसे डिजाइन पेटेंट, मानक पेटेंट, उपयोगिता पेटेंट आदि।

सामान्य प्रकार के विचार जो सॉफ्टवेयर इंजीनियर या प्रौद्योगिकी कंपनियां पेटेंट करना पसंद करती हैं, वे उपयोगिता पेटेंट हैं, जो एक प्रणाली या विधि प्रस्तुत करते हैं जो एक उपयोगिता का प्रदर्शन करती है। नेटवर्क डोमेन जैसे कुछ डोमेन में मानक पेटेंट अधिक सामान्य हैं, जहां आविष्कारक मोबाइल वायरलेस तकनीक में एक नया मानक प्रस्तावित कर रहा है, और पेटेंट को तीसरे पक्ष को लाइसेंस देकर पैसा प्राप्त कर सकता है। सिस्टम पेटेंट हैं, जो विभिन्न घटकों से युक्त

सिस्टम के रूप में पूरे उत्पाद की रक्षा करते हैं। प्रक्रिया पेटेंट वे हैं जो किसी उत्पाद के निर्माण के लिए उपयोग की जाने वाली प्रक्रिया की रक्षा करते हैं।

2.4 पेटेंट प्रदान करने में लगने वाला समय

एक दायर पेटेंट के लिए अनुदान प्राप्त करने की प्रक्रिया में पेटेंट कार्यालय से पहले कई साल लग जाते हैं। इस समय में, पेटेंट कार्यालय में पेटेंट परीक्षक को इसकी जांच करने, पूर्व कलाओं की खोज करने, आविष्कारकों से कोई स्पष्टीकरण प्राप्त करने और अंत में अनुदान को मंजूरी देने की आवश्यकता होती है।

यह समय कुछ मामलों में 2 वर्ष जितना कम और 5 या 6 वर्ष या अधिक तक हो सकता है।

इसलिए यदि कोई कंपनी दावा करती है कि किसी विज्ञापित उत्पाद पर "पेटेंट दायर" है, तो इसका मतलब यह नहीं है कि पेटेंट वास्तव में प्रदान किया गया है। दायर पेटेंट की एक अच्छी संख्या अंततः पेटेंट कार्यालयों द्वारा खारिज कर दी जाती है।

2.5 किसी नए विचार या आविष्कार को पेटेंट कराने के कारण

किसी भी नए विचार या आविष्कार को दुनिया को यह साबित करने के लिए पेटेंट कराने की आवश्यकता नहीं है कि

आविष्कारक ने इसे पहले प्राप्त किया था। इसे एक शोध पत्र, तकनीकी रिपोर्ट या श्वेत पत्र के रूप में प्रकाशित किया जा सकता है, या ब्लॉग पोस्ट या लेख में जनता के लिए वर्णित किया जा सकता है। आविष्कारक आविष्कार को कहीं भी प्रकाशित नहीं करने और इसे एक व्यापार रहस्य के रूप में रखने का विकल्प चुन सकते हैं, ताकि प्रतियोगियों को पहली बार में इसके बारे में पता न चले। "रक्षात्मक प्रकाशन" नामक एक मार्ग भी है जो पेटेंट जितना मजबूत नहीं है, लेकिन विचार या आविष्कार की रक्षा के लिए कुछ अधिकार देता है।

एक विचार के लिए एक पेटेंट दाखिल करने का मुख्य कारण आविष्कारक या कंपनी को भविष्य के मौद्रिक लाभ की संभावना है, साथ ही आविष्कारक को आविष्कारक विचार के लिए उचित श्रेय देना है। एक पेटेंट आविष्कारक को एक निश्चित अवधि (आमतौर पर 20 वर्ष) के लिए इसका उल्लंघन करने वाले अन्य लोगों से कानूनी सुरक्षा देता है। इस समय में, जो कोई भी इस विचार का उपयोग करना चाहता है, उसे अब आविष्कारकों के साथ पेटेंट के लाइसेंस के लिए या उनसे पेटेंट खरीदने के लिए बातचीत करनी होगी। यदि वे बिना लाइसेंस के पेटेंट किए गए विचार की नकल करते हैं, तो वे उल्लंघन के लिए हर्जाना देने के लिए उत्तरदायी होंगे।

यदि यह एक छोटी कंपनी या स्टार्टअप है जिसके पास यूएसपी (अद्वितीय बिक्री बिंदु) के रूप में केवल एक नया विचार या आविष्कार है, तो इसे पेटेंट करना समझ में आता है। एक पेटेंट संपत्ति या संपत्ति का एक रूप है और आमतौर पर एक मौद्रिक

मूल्य होता है। इससे जनता के मन में प्रतिष्ठा और विश्वसनीयता भी आती है (भले ही यह हमेशा उचित न हो), यानी जिस कंपनी ने अपने उत्पादों के लिए पेटेंट प्राप्त किया है वह एक अच्छी कंपनी होनी चाहिए।

एक आविष्कारक या एक कंपनी के लिए अपने आविष्कारशील विचार को सुरक्षित रखने के लिए एक पेटेंट दाखिल करना उपयोगी हो सकता है। इसका उपयोग कंपनियों के बीच पेटेंट पोर्टफोलियो वार्ता में किया जा सकता है, जहां पेटेंट के एक समूह को एक साथ लाइसेंस दिया जा सकता है। यह किसी कंपनी की मूल्यांकन की गई संपत्ति को बढ़ाने में भी उपयोगी है, अगर इसे किसी बड़ी कंपनी द्वारा अधिग्रहित किया जा रहा है।

एक पेटेंट फाइलिंग रक्षात्मक या आक्रामक प्रेरणा से हो सकती है। इसका मतलब यह है कि दूसरों को आविष्कारकों या कंपनी (रक्षात्मक) पर मुकदमा चलाने से रोकने के लिए एक पेटेंट दायर किया जा सकता है, या इसे प्राथमिक रूप से दूसरों पर मुकदमा करने और उनसे (आक्रामक) पैसा बनाने के लिए दायर किया जा सकता है। पेटेंट ट्रोल (व्यक्ति या कंपनियां) ठीक ऐसा ही करने के लिए जाने जाते हैं।

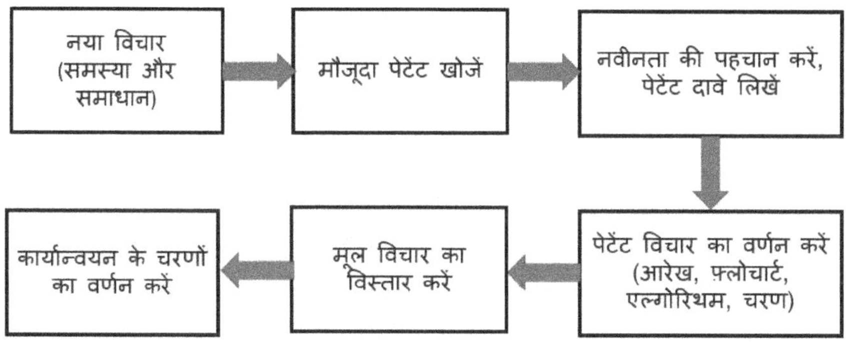

चित्र 5. प्रारंभिक विचार से पेटेंट दस्तावेज़ तक के चरण

2.6 पेटेंट आवेदन के घटक

फाइल करने के लिए, एक पेटेंट विचार में निम्नलिखित घटकों के बारे में दस्तावेज शामिल करने की आवश्यकता है:

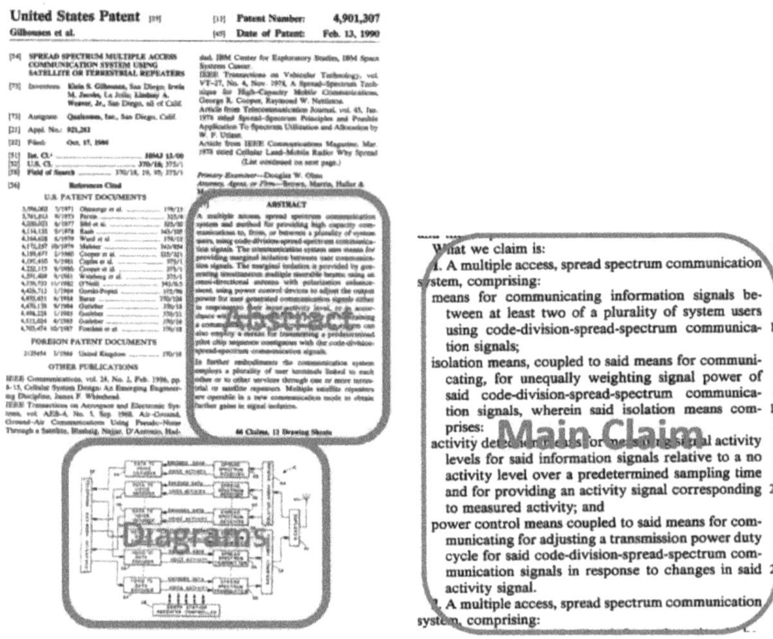

चित्र 6. पेटेंट के महत्वपूर्ण घटक

शीर्षक: एक छोटी लाइन जो मुख्य रूप से पेटेंट विचार या आविष्कार के क्षेत्र का वर्णन करती है। आमतौर पर इसमें आविष्कार के वास्तविक मुख्य भाग का उल्लेख नहीं होता है।

सार या संक्षिप्त विवरण: यह आविष्कार या विचार और इसके अनूठे दावे को कुछ छोटे वाक्यों में सारांशित करता है, आमतौर पर 150 शब्दों से अधिक नहीं।

आविष्कार का लंबा विवरण: यह वह जगह है जहां आविष्कारक आविष्कार का वर्णन करता है, इसके कार्यान्वयन

के तकनीकी विवरण और उपयोग के मामलों का पूर्ण विवरण देता है।

डायग्राम/फ्लोचार्ट/चित्रण: पेटेंट का उपयोग कैसे किया जाना है, इसे कैसे लागू किया जाता है, यूजर इंटरफेस क्या है, सिस्टम डायग्राम, आर्किटेक्चर, फ्लो डायग्राम के बारे में बेहतर जानकारी देने के लिए इन्हें विवरण में जोड़ा जाता है।

दावों की सूची: दावे पेटेंट का मुख्य कानूनी हिस्सा हैं, जिनकी जांच यह निर्धारित करने के लिए की जाएगी कि पेटेंट दिया जाना चाहिए या नहीं। यह या तो सिस्टम आधारित दावों या पद्धति आधारित दावों के रूप में हो सकता है। स्वतंत्र दावे और आश्रित दावे हो सकते हैं, जो स्वतंत्र दावों से आश्रित और व्युत्पन्न होते हैं।

एक स्वतंत्र दावे की शब्दावली कुछ इस प्रकार हो सकती है:

"सिस्टम और विधि <कुछ कार्यों को करने के लिए>, जिसमें <सिस्टम के घटक या विधि के चरण> शामिल हैं"।

एक आश्रित दावे में एक शब्द हो सकता है जैसे कि:

"दावा 1 में आधारित प्रणाली, जहां <स्वतंत्र दावे में कुछ संशोधन>"।

पेटेंट कराने की मूल विधि काफी सरल है: आविष्कार के विवरण के साथ एक दस्तावेज़ बनाएं, आरेख, फ़्लोचार्ट और इस विचार को लागू करने के तकनीकी विवरण जोड़ें। फिर दावों की सूची लिखें।

इसके बाद, पेटेंट फाइलिंग शुल्क के साथ पेटेंट कार्यालय में आविष्कारकों के विवरण के साथ अपेक्षित प्रारूप में दस्तावेज दाखिल करें। आमतौर पर अधिकांश कार्यालयों में पेटेंट ऑनलाइन दाखिल करने का विकल्प होता है।

जितना संभव हो उतने आरेख, फ़्लोचार्ट और एल्गोरिदम, समीकरण, चित्र शामिल करना बेहतर है। यह पेटेंट योग्य विचार या आविष्कार की बेहतर समझ देता है। यह पेटेंट परीक्षक को यह समझाने में भी मदद करता है कि पेटेंट योग्य विचार लागू करना संभव है और इसलिए इसे तब तक दिया जाना चाहिए जब तक यह पेटेंट योग्यता मानदंडों को पूरा करता है।

इसके अलावा, पेटेंट योग्य विचार के बारे में सोचना और विचार के कई उपयोग के मामलों को शामिल करना और विचार को विस्तारित करने के कई तरीकों को शामिल करना बेहतर है। यह किसी के विचार को चुराने या यह दावा करने की संभावना को कम करता है कि एक अलग उपयोग का मामला पेटेंट द्वारा कवर नहीं किया गया है।

2.7 क्या सॉफ्टवेयर एल्गोरिदम या विचार पेटेंट योग्य हैं?

किसी सॉफ़्टवेयर विचार को पेटेंट कराना उस विचार की तुलना में अधिक कठिन है जो हार्डवेयर में लागू किया जा सकता है, या जिसमें हार्डवेयर और सॉफ़्टवेयर घटकों का मिश्रण है। इसका एक कारण यह है कि यह साबित करना मुश्किल है कि विशुद्ध

रूप से सॉफ्टवेयर विचार (या 'विधि') वास्तव में पेटेंट योग्य है और यह केवल मौजूदा तरीकों का संयोजन नहीं है।

इसके अलावा, एक शुद्ध सॉफ्टवेयर एल्गोरिदम पेटेंट के लिए काफी मुश्किल है। कोई केवल यह तर्क दे सकता है कि सॉफ्टवेयर एल्गोरिथम मौजूदा शोध पत्रों से लिया गया है। या फिर, कोई एल्गोरिथम को कई छोटे चरणों में तोड़ सकता है और दावा कर सकता है कि प्रत्येक छोटा चरण पहले से ही प्रसिद्ध या प्रकाशित है।

इसके अलावा, यदि सॉफ़्टवेयर आधारित पेटेंट योग्य विचार में फ्रंट-एंड नहीं है (अर्थात यह बैकग्राउंड में चलता है), तो अदालती मामले में इसका उल्लंघन साबित करना मुश्किल है, क्योंकि कोई यह दावा कर सकता है कि उन्होंने एक ही फ़ंक्शन को अलग-अलग विधि या एल्गोरिथ्म उपयोग करके पुनः प्रस्तुत किया है। । इसलिए पेटेंट के लिए आविष्कार के हिस्से के रूप में फ्रंट-एंड या यूजर इंटरफेस होना बेहतर है।

'सिस्टम' विचार, जो हार्डवेयर और/या सॉफ्टवेयर घटकों की पूरी प्रणाली को पेटेंट कराने का प्रयास करते हैं, यह साबित करना आसान है कि वे वास्तव में नए और पेटेंट योग्य हैं। तो एक प्रणाली विचार अपनी पेटेंट योग्यता साबित करने के लिए एक विधि विचार से आसान (और मजबूत) है। इसी तरह, फ़्रंट-एंड वाला एक मेथड आइडिया बिना फ़्रंट-एंड के एक से बेहतर है।

इसके अलावा, सिर्फ इसलिए कि एक पेटेंट कार्यालय द्वारा पेटेंट प्रदान किया जाता है इसका मतलब यह नहीं है कि आविष्कारक या कंपनी वास्तव में इससे पैसा कमा सकती है। यह कुछ ऐसा होना चाहिए जो मांग में हो या अन्य (प्रतियोगी) आविष्कार के साथ उत्पाद को बेचने से राजस्व प्राप्त करने के लिए प्रतिलिपि बनाना चाहें।

2.8 पेटेंट कार्यालय में पेटेंट दर्ज करने की लागत

पेटेंट दाखिल करने की लागत भारत के पेटेंट कार्यालय में कुछ हज़ार रुपये (लगभग दो सौ डॉलर) से लेकर यूएसपीटीओ (USPTO) या डब्ल्यूआईपीओ (WIPO) में कुछ हज़ार डॉलर (कुछ लाख रुपये) तक होती है।

यदि कोई कंपनी या आविष्कारक उनके लिए पेटेंट फाइल करने के लिए पेटेंट एजेंट या पेटेंट अटॉर्नी को नियुक्त करता है, तो लागत अधिक हो जाएगी। वैकल्पिक रूप से, आविष्कारक कुछ मौजूदा पेटेंटों को पढ़ सकते हैं, पेटेंट और ड्राफ्ट की संरचना को समझ सकते हैं और खुद पेटेंट फाइल कर सकते हैं। हालांकि, एक प्रशिक्षित पेशेवर जैसे पेटेंट एजेंट एक पेटेंट का मसौदा तैयार करने में सक्षम हो सकता है जिससे पेटेंट कार्यालय द्वारा इसे दिए जाने की अधिक संभावना हो।

भारत जैसे कुछ देशों में सरकारों ने छोटी कंपनियों और अन्वेषकों के लिए प्रोत्साहन की स्थापना की है। इसमें स्टार्टअप

कंपनियों के लिए कम पेटेंट फाइलिंग लागत शामिल है यदि वे कुछ मानदंडों को पूरा करती हैं।

अध्याय 3
मजबूत पेटेंट आवेदन कैसे बनायें

इस अध्याय में हम कुछ तरीकों पर चर्चा करते हैं जिससे पेटेंट का मसौदा तैयार करते समय पेटेंट को मजबूत बनाया जा सकता है।

एक महत्वपूर्ण तरीका विभिन्न उपकरणों का उपयोग करके व्यापक पेटेंट खोज करना है, यह सुनिश्चित करने के लिए कि आविष्कार मौजूदा पेटेंट में शामिल नहीं है। दूसरा तरीका विभिन्न रणनीतियों का उपयोग करके मूल पेटेंट योग्य विचार का विस्तार करना है। फिर भी एक अन्य पेटेंट योग्य विचार का एक प्रोटोटाइप बनाना और उत्पाद के उपयोगकर्ताओं के साथ इसके लाभों का सर्वेक्षण करना है।

3.1 मौजूदा पेटेंट में एक पेटेंट योग्य विचार की खोज करने के लिए उपकरण

पेटेंट का मसौदा तैयार करने से पहले, आविष्कारकों को यह सुनिश्चित करना चाहिए कि पेटेंट योग्य विचार पहले से मौजूद नहीं है। ऐसा इसलिए है क्योंकि पेटेंट का मसौदा तैयार करने के लिए काफी समय और धन की आवश्यकता होती है, इसलिए आविष्कारक को यह सुनिश्चित करना चाहिए कि विचार नया है और वास्तव में प्रयास के लायक है ताकि बाद में इसे खारिज न किया जा सके।

पूर्व पेटेंट खोज वह कदम है जहां कोई यह सुनिश्चित करने के लिए साहित्य में खोज करता है कि पेटेंट योग्य विचार जिसे नए के रूप में दावा किया जा रहा है वह पहले से ही सार्वजनिक डोमेन में मौजूद नहीं है।

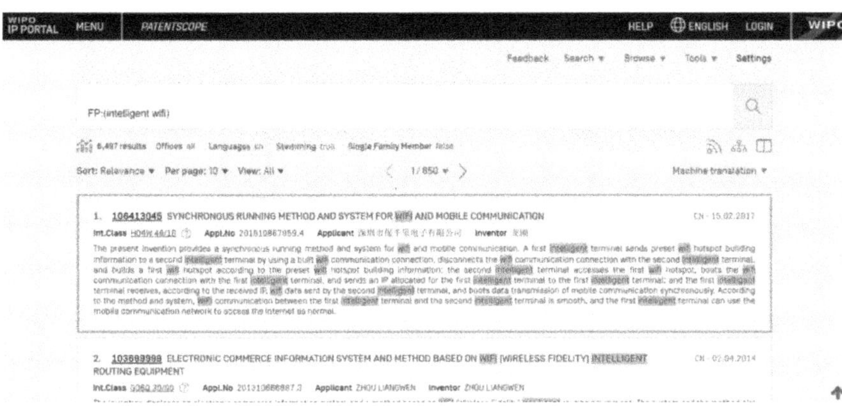

चित्र 7. डब्ल्यूआईपीओ (WIPO) पेटेंटस्केप टूल का उपयोग करके पेटेंट खोज

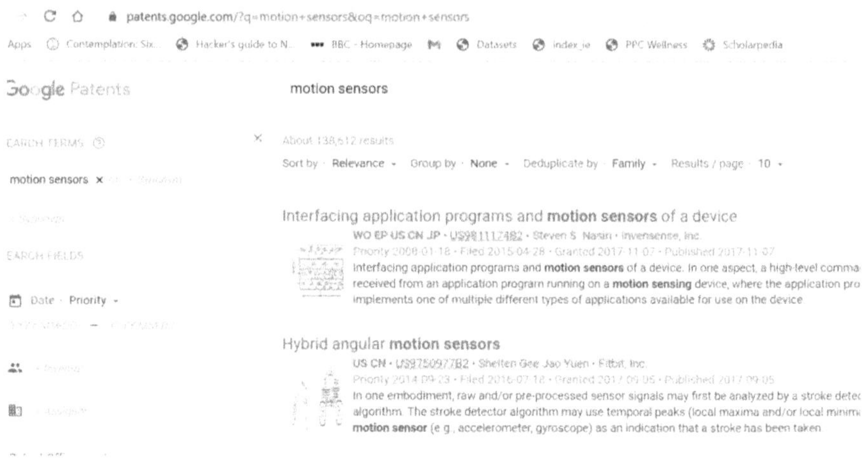

चित्र 8. गूगल पेटेंट (patents.google.com) टूल का उपयोग करके पेटेंट खोज

कुछ सामान्य पेटेंट खोज टूल में निम्नलिखित शामिल हैं:

- गूगल पेटेंट https://patents.google.com/
- डब्ल्यूआईपीओ (WIPO) पेटेंटस्केप https://patentscope.wipo.int/search/en/search.jsf
- यूएस पेटेंट के लिए यूएसपीटीओ (USPTO) पेटेंट खोज उपकरण https://www.uspto.gov/patents/search
- यूरोपीय पेटेंट के लिए एस्पेसनेट (Espacenet) पेटेंट खोज उपकरण https://www.epo.org/searching-for-patents/technical/espacenet.html
- लेंस पेटेंट खोज उपकरण https://www.lens.org/

- थॉमसन रॉयटर्स (Thomson Reuters) पेटेंट खोज उपकरण

ये पेटेंट खोज उपकरण पूर्व-कला खोज करने के लिए उपयोगी हो सकते हैं। आविष्कारक को पेटेंट योग्य विचार में प्रयुक्त प्रौद्योगिकियों से संबंधित कीवर्ड डालना चाहिए और फिर यह निर्धारित करने के लिए खोज टूल द्वारा लौटाए गए पेटेंट की सूची की जांच करनी चाहिए कि मौजूदा पेटेंट पेटेंट योग्य आविष्कार या विचार के पूरे या हिस्से को कवर कर रहे हैं या नहीं।

चूंकि पेटेंट योग्य विचार पहले से ही एक पेटेंट के बजाय एक शोध पत्र या तकनीकी पेपर के रूप में प्रकाशित हो सकता है, इसलिए Google विद्वान (scholar.google.com) या IEEE एक्सप्लोर (https://ieeexplore.ieee.org/) या किसी अन्य अकादमिक पेपर सर्च इंजन का उपयोग करके अकादमिक या शोध पत्रों में भी खोजना चाहिए।

पेटेंट योग्य विचार के लिए आविष्कारक को अतिरिक्त रूप से एक सामान्य वेब खोज (Google जैसे खोज इंजन का उपयोग करके) करना चाहिए।

3.2 पेटेंट के क्षेत्र का पेटेंट परिदृश्य बनाना

एक नए क्षेत्र की खोज करते समय एक महत्वपूर्ण कदम एक क्षेत्र का पेटेंट परिदृश्य बनाना है। एक पेटेंट परिदृश्य किसी को

यह अनुमान लगाने में मदद करता है कि मौजूदा पेटेंट द्वारा पहले से ही कितना विषय कवर किया गया है। यह विचार के आधार पर पेटेंट योग्य विचार और उत्पादों के विकास पर ध्यान केंद्रित करने में मदद कर सकता है। यह उन क्षेत्रों से बचने में भी मदद कर सकता है जो पहले से ही मौजूदा पेटेंट से आच्छादित हैं।

पेटेंट परिदृश्य बनाने के चरणों में निम्नलिखित शामिल हैं:

- क्षेत्र से संबंधित विषयों और कीवर्ड की सूची बनाएं
- इन खोजशब्दों और खोजशब्दों के क्रमपरिवर्तन के लिए पेटेंट उपकरण का उपयोग करके पेटेंट खोजें
- मुख्य क्षेत्र के प्रत्येक उप-क्षेत्र में शीर्ष कुछ पेटेंट प्राप्त करें
- एक एक्सेल स्प्रेडशीट बनाएं जिसमें प्रत्येक उप-क्षेत्र में पाए गए पेटेंट शामिल हों
- इसके बाद, पाए गए पेटेंटों का विश्लेषण करें: उन्हें कंपनी द्वारा, विषय के अनुसार, वर्ष के अनुसार समूहित करें (उभरते विषयों की पहचान करने के लिए)
- पेटेंट लैंडस्केप रिपोर्ट में सभी परिणाम एकत्र करें
- पेटेंट लैंडस्केप रिपोर्ट के आधार पर, क्या पहले से कवर किया गया है, क्या अभी तक कवर नहीं किया गया है, उभरते क्षेत्रों आदि के बारे में निष्कर्ष निकालें।

3.3 पेटेंट योग्य विचार को मजबूत बनाने की रणनीतियाँ

कुछ रणनीतियाँ हैं जो एक नए आविष्कारक को पेटेंट योग्य विचार को मजबूत और अधिक पेटेंट योग्य बनाने में मदद कर सकती हैं।

शुरुआती लोगों के लिए सबसे अच्छी रणनीति होगी: Google पेटेंट पर जाएं और कुछ मौजूदा पेटेंट पढ़ें, समझें कि पेटेंट के दावे कैसे लिखे जाते हैं। पेटेंट में कानूनी भाषा का उपयोग किया जाता है, जिससे उन्हें परिचित होना चाहिए।

उसके बाद, आविष्कारक पेटेंट योग्य विचार बनाने या बढ़ाने के लिए निम्नलिखित उपखंडों में कुछ रणनीतियों का उपयोग कर सकता है।

3.3.1 डिजाइन सोच या उपयोगकर्ता केंद्रित सोच

डिजाइन सोच को उपयोगकर्ता केंद्रित सोच भी कहा जाता है। यह समस्या को हल करने के लिए उपयोगकर्ताओं के दृष्टिकोण से सोचने की शैली को संदर्भित करता है, न कि केवल निर्माता या आविष्कारक के दृष्टिकोण से सोचना । यहां एक महत्वपूर्ण गुण उपयोगकर्ता के साथ सहानुभूति और स्वयं को उपयोगकर्ता के स्थान पर रखना है।

उपयोगकर्ताओं को उनके दृष्टिकोण से वास्तविक समस्याओं का एक विचार प्राप्त करने के लिए मात्रात्मक या गुणात्मक

(प्रश्नावली या साक्षात्कार के माध्यम से) सर्वेक्षण कर सकते हैं, ताकि समस्या का प्रस्तावित समाधान अधिक व्यापक हो सके।

फिर आविष्कारक समाधान का एक रैपिड प्रोटोटाइप बनाता है और वास्तविक उपयोगकर्ताओं के साथ परीक्षण करता है कि क्या यह वास्तव में उनकी समस्या का समाधान करता है।

वह कुछ विचार प्राप्त करने के लिए प्रोटोटाइप के साथ उपयोगकर्ता परीक्षण कर सकता है यदि आविष्कार वास्तव में मूल समस्या को हल करता है या यदि उसी समस्या को हल करने के अन्य तरीके हो सकते हैं।

इस उद्देश्य के लिए कई सॉफ्टवेयर प्रोटोटाइप टूल और ऐप (जैसे marvel ऐप, proto.io) उपलब्ध हैं।

3.3.2 TRIZ (आविष्कारशील समस्या समाधान का सिद्धांत)

TRIZ एक ऐसी रणनीति है जो विचार के सभी क्रमपरिवर्तनों की व्यवस्थित रूप से जांच करके विचार को विभिन्न दिशाओं में विस्तारित करने में सक्षम बनाती है। इसे सोवियत वैज्ञानिक Altshuller द्वारा विकसित किया गया था, जिन्होंने 40000 पेटेंट सार का अध्ययन किया था ताकि यह समझ सके कि आविष्कारक अपने आविष्कारों का पेटेंट कैसे कर रहे थे, और इसका उपयोग TRIZ पद्धति के हिस्से के रूप में एकत्र की गई रणनीतियों को तैयार करने के लिए किया था।

TRIZ एक आविष्कारक को विचार के सभी क्रमपरिवर्तनों की व्यवस्थित रूप से जांच करके अपने आविष्कार या विचार को विभिन्न दिशाओं में विस्तारित करने में सक्षम बनाता है।

थोड़ा अलग आविष्कार करके किसी क्षेत्र में मौजूदा पेटेंट को बायपास करने का तरीका निर्धारित करने के लिए TRIZ का उपयोग करने के उदाहरण निम्नलिखित प्रश्न पूछना है:

- मौजूदा समाधान को छोटे भागों में विभाजित करें
- मौजूदा समाधान के प्रत्येक भाग के लिए, एक वैकल्पिक विधि प्रस्तावित करने का प्रयास करें
- देखें कि क्या आर्टिफिशियल इंटेलिजेंस और मशीन लर्निंग का उपयोग करके मौजूदा समाधान के किसी हिस्से में सुधार किया जा सकता है
- देखें कि क्या घटकों के क्रम को बदला या उलटा किया जा सकता है
- देखें कि क्या किसी हिस्से को समानांतर किया जा सकता है
- देखें कि क्या मौजूदा समाधान के कुछ कार्यों को हटाया जा सकता है, संयुक्त किया जा सकता है या पहले से किया जा सकता है

- देखें कि क्या मौजूदा समाधान के समान आर्किटेक्चर का उपयोग नए एप्लिकेशन के लिए या नई तकनीक का उपयोग करने के लिए किया जा सकता है
- देखें कि क्या मौजूदा समाधान में किसी भी क्रिया को निरंतर के बजाय आवधिक बनाया जा सकता है, या इसके विपरीत आवधिक के बजाय निरंतर
- देखें कि क्या मौजूदा समाधान के किसी भी घटक को सस्ते घटकों या तेज घटकों से बदला जा सकता है

TRIZ पर संदर्भ:

- सॉफ्टवेयर डोमेन में TRIZ कैसे लागू किया जा सकता है https://triz-journal.com/triz-software-40-principle-analogies-sequel/
- TRIZ पर विकिपीडिया लेख https://en.wikipedia.org/wiki/TRIZ

3.3.3 मूल विचार का विस्तार कैसे करें

मूल विचार को सभी संभव दिशाओं में विस्तारित करने, इसे सभी संभावित उपयोग के मामलों में लागू करने, सभी संभावित अवतारों या इसे लागू करने के तरीकों, विभिन्न डोमेन में सभी संभावित प्रकार के विस्तार आदि के बारे में रचनात्मक रूप से सोचना चाहिए। इससे पेटेंट मजबूत बनाने का लाभ होता है, ताकि कोई भी प्रतियोगी किसी समस्या को हल करने के लिए

इसे बायपास न कर सके और इसे लाइसेंस देने के लिए रॉयल्टी शुल्क का भुगतान करने के लिए मजबूर होना पड़े।

3.3.4 पेटेंट दावों का सामान्यीकरण

एक अन्य रणनीति पेटेंट दावों को यथासंभव सामान्य बनाना है, ताकि दावों को कार्यान्वयन के किसी एक विशिष्ट तरीके या किसी एक तकनीक तक सीमित न किया जाए।

पेटेंट दावों की भाषा इतनी व्यापक होनी चाहिए कि भविष्य में विकसित किसी भी तकनीक को कवर कर सके। यह बाजार में पहले से मौजूद किसी भी पेटेंट या समाधान को शामिल न करने के लिए पर्याप्त संकीर्ण होना चाहिए।

अध्याय 4
पेटेंट कार्यालय में पेटेंट कैसे दर्ज करें

इस अध्याय में हम पेटेंट फाइलिंग की प्रक्रिया पर संक्षेप में चर्चा करेंगे।

4.1 पेटेंट आवेदन कहाँ दर्ज करें

जैसा कि पहले उल्लेख किया गया है, पेटेंट कई प्रकार के हो सकते हैं। यह तय करने की जरूरत है कि किस प्रकार का पेटेंट फाइल करना है और कहां फाइल करना है।

उदाहरण के लिए, एक उत्पाद जैसे मोबाइल फोन का मॉडल, जिसका उपयोग कई देशों में ग्राहकों द्वारा किया जा रहा है, को इन सभी देशों में इसके अनूठे पहलुओं के संरक्षण की आवश्यकता होगी। इसलिए आविष्कारक पेटेंट सहयोग संधि या पीसीटी के तहत डब्ल्यूआईपीओ (WIPO) आवेदन दाखिल कर सकता है। यदि उत्पाद मुख्य रूप से अमेरिकी बाजार में उपयोग किया जाता है, तो यूएसपीटीओ (USPTO) या यूएस

पेटेंट कार्यालय के साथ पेटेंट दाखिल करना उपयोगी होता है। ऐसा करने के लिए, सबसे पहले भारत पेटेंट कार्यालय (IPO) के साथ विदेशी फाइलिंग के लिए आवेदन करना होगा। यदि किसी उत्पाद का मुख्य रूप से भारत में उपयोग किया जाना है, तो आवेदन भारतीय पेटेंट कार्यालय में दायर किया जा सकता है।

आविष्कार की तारीख को जल्दी से सुरक्षित करने के लिए कुछ बुनियादी विवरणों के साथ एक अनंतिम पेटेंट विनिर्देश दर्ज किया जा सकता है, और बाद में एक पूर्ण विनिर्देश दर्ज किया जा सकता है। एक अनंतिम विनिर्देश में इसके हिस्से के रूप में दावे नहीं होते हैं, जबकि एक पूर्ण विनिर्देश में एक अनिवार्य भाग के रूप में दावे होते हैं।

कोई मौजूदा पेटेंट किए गए विचार के संशोधन के लिए पूरी तरह से नया पेटेंट दाखिल करने का निर्णय ले सकता है, या मूल पेटेंट के लिए अतिरिक्त पेटेंट दाखिल कर सकता है।

4.2 भारत पेटेंट कार्यालय में पेटेंट आवेदन कैसे दर्ज करें

पेटेंट फाइलिंग में पहला कदम पेटेंट आवेदन को सही प्रारूप में तैयार करना और शीर्षक, विवरण, दावों की सूची, चित्र आदि जैसे सभी घटकों को शामिल करना है। कुछ फॉर्म ऐसे भी हैं जिन पर आविष्कारकों को अपने विवरण के साथ हस्ताक्षर करने की आवश्यकता होती है। जैसे उनका पता। पेटेंट एजेंट को पावर ऑफ अटॉर्नी देने के लिए एक फॉर्म है, अगर यह उनके माध्यम से दायर किया जा रहा है।

भारत पेटेंट कार्यालय के कुछ महत्वपूर्ण फॉर्म इस प्रकार हैं:

- **फॉर्म 1**: पेटेंट के अनुदान के लिए आवेदन
- **फॉर्म 2**: विवरण, चित्र आदि सहित पेटेंट का अनंतिम या पूर्ण विनिर्देश
- **फॉर्म 3**: स्टेटमेंट और अंडरटेकिंग
- **फॉर्म 5**: विचार के आविष्कार की घोषणा
- **फॉर्म 26**: पेटेंट एजेंट को पावर ऑफ अटॉर्नी

आविष्कारक पंजीकृत पेटेंट एजेंटों या पेटेंट फाइलिंग कंपनियों के माध्यम से आवेदन दाखिल कर सकते हैं। वे इसे स्वयं पेटेंट कार्यालय में भौतिक रूप से या ऑनलाइन भी दाखिल कर सकते हैं।

आविष्कारक या कंपनी के भारत में स्थान के आधार पर, उन्हें यह तय करना होगा कि भारत के किस पेटेंट कार्यालय को आवेदन जमा करना है। यह कोलकाता में प्रधान कार्यालय या मुंबई, दिल्ली या चेन्नई के कार्यालयों में हो सकता है।

भारत पेटेंट कार्यालय में पेटेंट दाखिल करने के लिए, पेटेंट आवेदन की हार्ड कॉपी पेटेंट कार्यालय को आवश्यक शुल्क भुगतान के प्रमाण के साथ भेजी जा सकती है। वैकल्पिक रूप से, फाइलिंग ऑनलाइन की जा सकती है। भारत पेटेंट कार्यालय की वेबसाइट https://ipindia.gov.in/egateways.htm पर ऑनलाइन फाइलिंग या ई-फाइलिंग की सुविधा उपलब्ध है।

4.3 पेटेंट कार्यालय में पेटेंट दाखिल करने के बाद के कदम

पेटेंट कार्यालय में दाखिल करने के बाद पेटेंट के चरण इस प्रकार हैं:

पेटेंट का प्रकाशन: भारतीय पेटेंट कार्यालय में सभी आवश्यक प्रपत्रों और दस्तावेजों के साथ पेटेंट दायर किए जाने के बाद, इसे आम तौर पर पेटेंट कार्यालय की वेबसाइट पर प्रकाशित किया जाता है और 18 महीने की अवधि के बाद खोजा जा सकता है। उस अवधि के लिए, यह छिपा हुआ है और खोजा नहीं जा सकता है।

परीक्षा के लिए अनुरोध: इसके बाद, उचित फॉर्म भरकर और शुल्क देकर, पेटेंट की जांच करने और अनुदान पर विचार करने का अनुरोध करते हुए, भारत पेटेंट कार्यालय के साथ एक परीक्षा या आरएफई (RFE) के लिए अनुरोध दायर करने की आवश्यकता है।

प्रथम परीक्षक रिपोर्ट: पेटेंट कार्यालय में कार्यरत पेटेंट परीक्षक तब पहली परीक्षक रिपोर्ट या एफईआर (FER) जारी करते हैं। एफईआर रिपोर्ट (FER) में आपत्तियों की एक सूची हो सकती है कि क्यों पेटेंट आवेदन नवीनता और गैर-स्पष्टता आदि के पेटेंट योग्यता मानदंडों को पूरा नहीं करता है। एफईआर

(FER) रिपोर्ट में मौजूदा पेटेंट भी शामिल हो सकते हैं जिनमें पहले से ही दावा की गई विशेषताएं शामिल हैं।

एफईआर (FER) का जवाबः आविष्कारकों या उनके एजेंटों को तब आपत्तियों का जवाब देना होता है, जिसके बाद पेटेंट की फिर से जांच की जाती है। यह प्रक्रिया कुछ पुनरावृत्तियों तक चल सकती है।

पेटेंट का अनुदानः इसके बाद, भारत पेटेंट कार्यालय पेटेंट देने का निर्णय ले सकता है, अन्यथा पेटेंट को अस्वीकार और त्याग दिया जा सकता है।

वार्षिक शुल्कः अनुदान के बाद, पेटेंट को बनाए रखने के लिए वार्षिक शुल्क का भुगतान अन्वेषकों द्वारा किया जाना है। पेटेंट के लिए सामान्य समयावधि 20 वर्ष है।

अध्याय 5
पेटेंट उल्लंघन पर कानूनी प्रक्रिया

इस अध्याय में हम संक्षेप में पेटेंट उल्लंघन और अमान्यता पर कानूनी प्रक्रिया के बारे में जानेंगे।

एक पेटेंट का उल्लंघन तब होता है जब कोई उत्पाद बेचा या निर्मित होता है, किसी अन्य उत्पाद की प्रतिलिपि बनाता है जिसे पहले पेटेंट दिया गया है, या इसे बनाते समय पेटेंट उत्पाद की प्रक्रिया की प्रतिलिपि बनाता है जहां इसके निर्माण की प्रक्रिया पेटेंट की गई है।

पेटेंट के उल्लंघन के अलावा, कोई भी व्यक्ति मौजूदा स्वीकृत पेटेंट को अमान्य घोषित करने के लिए अदालत में सबूत पेश करके अदालत में मामला दायर कर सकता है कि वह दिए गए पेटेंट की आवश्यकताओं का पालन नहीं करता है। उदाहरण के लिए, वे यह साबित कर सकते हैं कि पेटेंट नया नहीं है या मौजूदा विचारों का एक स्पष्ट संयोजन है, या यह पेटेंट की दावा की गई तारीख से पहले सार्वजनिक डोमेन में था।

5.1 पेटेंट उल्लंघन के प्रकार

मौजूदा स्वीकृत पेटेंट का उल्लंघन दो प्रकार का हो सकता है:

- **उत्पाद पेटेंट का उल्लंघन:** यदि उत्पाद की विशेषताएं दिए गए पेटेंट के दावों से मेल खाती हैं, तो भारत में एक मौजूदा स्वीकृत पेटेंट का एक नए उत्पाद (जो निर्मित या बेचा या आयात किया जा रहा है) द्वारा उल्लंघन किया जा सकता है।
- **एक प्रक्रिया पेटेंट का उल्लंघन:** इसी तरह, एक उत्पाद बनाने की प्रक्रिया जिसमें एक प्रक्रिया से संबंधित पेटेंट है, जैसे कि किसी दवा या उर्वरक की निर्माण प्रक्रिया की प्रतिलिपि बनाई जा सकती है।

पेटेंट के दावे पेटेंट कानून द्वारा संरक्षित हैं।

यदि भारत में किसी व्यक्ति (या यहां तक कि एक विदेशी संस्था) को संदेह है कि उनके पेटेंट का किसी अन्य उत्पाद द्वारा उल्लंघन किया गया है, तो निम्नलिखित अनुभागों में पेटेंट उल्लंघन के मामले को कानूनी रूप से जारी रखने के लिए आवश्यक कदमों का उल्लेख किया गया है।

5.2 जहां एक उत्पाद जो पेटेंट का उल्लंघन कर सकता है उसे भारत में आयात किया जा रहा है

यदि जिस उत्पाद पर उनके पेटेंट का उल्लंघन करने का संदेह है, वह भारत के बाहर से है और आयात किया जा रहा है, तो

बौद्धिक संपदा अधिकार (आयातित सामान) प्रवर्तन नियम 2007 लागू होते हैं। व्यक्ति को उल्लंघन के विवरण के साथ सीमा शुल्क अधिकारियों के पास शिकायत दर्ज करनी होगी, जो तब शिकायत की जांच करेगा और आवश्यक कार्रवाई करेगा।

5.3 जहां उल्लंघन का संदेहास्पद उत्पाद भारत के अंदर उत्पादित किया जाता है

इस मामले में, कंपनी या व्यक्ति को अपने पेटेंट अधिकारों को लागू करने के लिए प्रार्थना के साथ प्रासंगिक विवरण के साथ पेटेंट अधिनियम जैसे प्रासंगिक कृत्यों के तहत एक भारतीय अदालत में एक याचिका दायर करने की आवश्यकता है। याचिकाकर्ताओं को भारत पेटेंट कार्यालय (IPO) से पेटेंट दस्तावेजों की प्रमाणित प्रतियां प्राप्त करनी होंगी।

याचिकाकर्ताओं को इस बात का सबूत देना होगा कि उत्पाद कैसे पेटेंट का उल्लंघन कर रहा है। वे तकनीकी प्रकाशन या शोध प्रकाशन भी दिखा सकते हैं और अपने तर्कों का समर्थन करने के लिए क्षेत्र के विशेषज्ञों को गवाह के रूप में उपयोग कर सकते हैं।

अदालत, यदि यह निर्धारित करती है कि पेटेंट का वास्तव में उल्लंघन किया गया है, तो वह उल्लंघन करने वाले उत्पाद के निर्माण को रोकने के लिए निषेधाज्ञा जारी कर सकता है, साथ

ही साथ उल्लंघन करने वाले पक्ष को हर्जाने का भुगतान करने का आदेश दे सकता है।

5.4 पेटेंट उल्लंघन के मामले में न्यायालय की प्रक्रिया

पेटेंट उल्लंघन के मामले में, सामान्य अदालती प्रक्रिया होती है। सामान्य चरण जैसे तर्कों की प्रस्तुति, जिरह आदि होती है। अंततः अदालत अपने फैसले और आदेश और हर्जाने का भुगतान करने के आदेश देती है, या यह निर्धारित करती है कि कोई पेटेंट उल्लंघन नहीं हुआ है।

आम तौर पर, पेटेंट उल्लंघन से संबंधित अदालती मामलों को उच्च न्यायालयों या जिला अदालतों में दायर किया जाता है।

अध्याय 6
निष्कर्ष

इस पुस्तक में हमने पेटेंट और पेटेंट दाखिल करने की प्रक्रिया के विभिन्न पहलुओं का अध्ययन किया है। हमने कॉपीराइट जैसी अन्य बौद्धिक संपदा के बजाय पेटेंट पर ध्यान केंद्रित किया है। हमने उन कदमों पर भी चर्चा की है जो विचार के लिए उठाए जा सकते हैं, और एक बेहतर पेटेंट कैसे बनाया जा सकता है।

सामान्यतया, पेटेंटिंग एक ऐसा कौशल है जिसे मुख्य रूप से अभ्यास द्वारा बढ़ाया जा सकता है। जहां तक पेटेंट का मसौदा तैयार करने की सीख का सवाल है, तो सबसे अच्छा तरीका है कि उसी तकनीकी क्षेत्र में पेटेंट को पढ़ें और उस पेटेंट में पेटेंट किए जा रहे विचार को समझने की कोशिश करें।

पेटेंट कराने के अच्छे और बुरे दोनों पहलू होते हैं, और पेटेंट कराने की प्रणाली हमेशा सही नहीं होती है। कुछ लोग यह तर्क दे सकते हैं कि पेटेंट वास्तव में इसे प्रोत्साहित करने के बजाय नवाचार को मारता है, क्योंकि बड़ी कंपनियों के वकीलों की सेना के साथ छोटी कंपनियों या व्यक्तिगत आविष्कारकों की तुलना में अनुचित लाभ होता है।

हालांकि, पेटेंट अभी भी एक आविष्कारक को अपने मूल विचार के लिए मुद्रीकरण और क्रेडिट प्राप्त करने का एक तरीका देता है। इसकी कमियों के बावजूद, पेटेंट कराने के लाभ काफी सार्थक हैं।

आगे देखते हुए, भारतीय पेटेंट पारिस्थितिकी तंत्र महत्वपूर्ण वृद्धि के लिए तैयार है। राष्ट्रीय बौद्धिक संपदा अधिकार (IPR) नीति 2016, स्टार्टअप इंडिया कार्यक्रम और 'आत्मनिर्भर भारत' की दिशा में प्रयासों ने नवाचार और बौद्धिक संपदा की सुरक्षा को राष्ट्रीय नीति के केंद्र में रखा है। भारतीय पेटेंट कार्यालय अपनी कार्यप्रणाली को आधुनिक बना रहा है, परीक्षा की लंबित प्रक्रिया को कम कर रहा है, और ई-फाइलिंग को अधिक सुलभ बना रहा है। यह आविष्कारकों और उद्यमियों के लिए सकारात्मक संकेत हैं।

साथ ही, कृत्रिम बुद्धिमत्ता (AI), जैव प्रौद्योगिकी और सॉफ्टवेयर-संचालित आविष्कारों का उदय विश्व स्तर पर पेटेंट प्रणाली के लिए नई चुनौतियाँ प्रस्तुत करता है, और भारत भी इससे अछूता नहीं है। AI-जनित आविष्कारों के बारे में कानूनी प्रश्न, एल्गोरिदम की पेटेंट योग्यता, और फार्मास्युटिकल पेटेंट एक्सटेंशन की निष्पक्षता सक्रिय बहस के क्षेत्र हैं जो भारत में IP कानून के भविष्य को आकार देंगे।

व्यक्तिगत आविष्कारक के लिए इस पुस्तक का मुख्य संदेश सरल है: यदि आपके पास वास्तव में नया और उपयोगी विचार है, तो पेटेंट प्रणाली को समझना और उसे सुरक्षित करने पर

विचार करना उचित है। पहले एक व्यापक पूर्व-कला खोज करें। इस पुस्तक में वर्णित विचार-उपकरणों — डिजाइन थिंकिंग, TRIZ — का उपयोग करके दाखिल करने से पहले अपने विचार को मजबूत बनाएं। यदि संभव हो तो एक योग्य पेटेंट एजेंट की सहायता लें, विशेष रूप से अपनी पहली फाइलिंग के लिए। और याद रखें कि एक पेटेंट, एक बार दिए जाने के बाद, तभी मूल्यवान होता है जब आप उसे सक्रिय रूप से उपयोग करते हैं, लाइसेंस देते हैं, या लागू करते हैं।

भारत के पास प्रतिभा, विचारों की विविधता और उद्यमशीलता की ऊर्जा है जो उसे एक अग्रणी नवाचार अर्थव्यवस्था बना सकती है। हमें आशा है कि यह पुस्तक अधिक भारतीय आविष्कारकों को पेटेंट प्रणाली में मार्गदर्शन करने और अपने विचारों को दुनिया के साथ साझा करने में एक छोटी भूमिका निभाएगी।

मुख्य पेटेंट शब्दों की शब्दावली

यह शब्दावली पेटेंट कानून और पेटेंट फाइलिंग में सामान्यतः उपयोग किए जाने वाले प्रमुख शब्दों की संक्षिप्त परिभाषाएँ प्रदान करती है, विशेष रूप से जैसा कि वे भारत में लागू होते हैं।

आवेदक (Applicant): वह व्यक्ति या संस्था जो पेटेंट आवेदन दाखिल करती है। यह आविष्कारक, असाइनी या कानूनी प्रतिनिधि हो सकता है।

सार (Abstract): पेटेंट आवेदन का एक संक्षिप्त सारांश (आमतौर पर 150 शब्दों से अधिक नहीं) जो आविष्कार के तकनीकी क्षेत्र, हल की जाने वाली समस्या और मुख्य विशेषताओं का वर्णन करता है।

असाइनी (Assignee): वह व्यक्ति या संगठन जिसे आविष्कारक द्वारा पेटेंट के अधिकार कानूनी रूप से हस्तांतरित किए जाते हैं।

दावे (Claims): पेटेंट का कानूनी रूप से महत्वपूर्ण भाग जो संरक्षण के दायरे को परिभाषित करता है। दावे स्वतंत्र (Independent) या आश्रित (Dependent) हो सकते हैं।

पूर्ण विनिर्देश (Complete Specification): आविष्कार का पूर्ण और विस्तृत विवरण जिसमें दावे शामिल हैं। इसकी परीक्षा की जाती है और इसके आधार पर पेटेंट दिया या अस्वीकार किया जाता है।

अनिवार्य लाइसेंस (Compulsory License): सरकार द्वारा दिया गया लाइसेंस जो किसी तीसरे पक्ष को पेटेंट धारक की सहमति के बिना पेटेंट किए गए उत्पाद का निर्माण करने की अनुमति देता है, आमतौर पर सार्वजनिक स्वास्थ्य आपात स्थिति में।

पेटेंट नियंत्रक (Controller of Patents): भारतीय पेटेंट कार्यालय के वरिष्ठ अधिकारी जो पेटेंट की परीक्षा, अनुदान और प्रशासन की देखरेख करते हैं।

आश्रित दावा (Dependent Claim): एक पेटेंट दावा जो किसी पूर्व (स्वतंत्र) दावे का संदर्भ देता है और उसे और अधिक सीमित करता है।

प्रथम परीक्षक रिपोर्ट / FER (First Examination Report): पेटेंट आवेदन की परीक्षा के बाद भारतीय पेटेंट कार्यालय का पहला आधिकारिक जवाब, जिसमें आपत्तियाँ या पूर्व कला के संदर्भ हो सकते हैं।

आविष्कारशील कदम (Inventive Step / Non-obviousness): यह आवश्यकता कि एक आविष्कार उसी क्षेत्र के किसी जानकार व्यक्ति के लिए स्पष्ट नहीं होना चाहिए। यह पेटेंट योग्यता के प्रमुख मानदंडों में से एक है।

नवीनता (Novelty): यह आवश्यकता कि एक आविष्कार नया होना चाहिए, अर्थात पेटेंट आवेदन दाखिल करने की तारीख से पहले दुनिया में कहीं भी सार्वजनिक नहीं किया गया होना चाहिए।

पूर्व कला (Prior Art): कोई भी सार्वजनिक रूप से उपलब्ध जानकारी जो पेटेंट आवेदन की दाखिल तारीख से पहले प्रकट की गई हो और आविष्कार की नवीनता या आविष्कारशीलता का आकलन करने के लिए प्रासंगिक हो।

पेटेंट एजेंट (Patent Agent): भारतीय पेटेंट कार्यालय के साथ पंजीकृत एक योग्य पेशेवर जो आविष्कारकों की ओर से पेटेंट आवेदन दाखिल और अभियोजन करने के लिए अधिकृत है।

पेटेंट ट्रोल (Patent Troll / NPE): वह संस्था जो उत्पाद बनाने के लिए नहीं बल्कि मुख्य रूप से अन्य कंपनियों से मुकदमेबाजी या लाइसेंस शुल्क की मांग करने के लिए पेटेंट अर्जित करती है।

पेटेंट सहयोग संधि / PCT (Patent Cooperation Treaty): WIPO द्वारा प्रशासित एक अंतरराष्ट्रीय संधि जो आविष्कारकों को एक ही अंतरराष्ट्रीय पेटेंट आवेदन दाखिल करने की अनुमति देती है जिसे कई सदस्य देशों में आगे बढ़ाया जा सकता है।

अनंतिम विनिर्देश (Provisional Specification): एक प्रारंभिक पेटेंट फाइलिंग जो आविष्कार की प्रारंभिक तारीख

स्थापित करती है। इसमें पूर्ण दावे नहीं होते। भारत में इसके 12 महीने के भीतर पूर्ण विनिर्देश दाखिल करना होता है।

परीक्षा का अनुरोध / RFE (Request for Examination): भारतीय पेटेंट कार्यालय को दिया गया आधिकारिक अनुरोध जिसमें पेटेंट आवेदन की परीक्षा शुरू करने और अनुदान पर विचार करने की प्रार्थना की जाती है।

रद्दीकरण (Revocation): किसी पहले से दिए गए पेटेंट को रद्द करना, जो नवीनता की कमी, स्पष्टता या धोखाधड़ी जैसे आधारों पर पेटेंट कार्यालय या न्यायालय द्वारा किया जा सकता है।

TRIPS समझौता: विश्व व्यापार संगठन (WTO) द्वारा प्रशासित बौद्धिक संपदा अधिकारों के व्यापार-संबंधित पहलुओं पर समझौता, जो सदस्य देशों के बीच पेटेंट सहित IP संरक्षण के लिए न्यूनतम मानक निर्धारित करता है।

उपयोगिता (Utility / Industrial Applicability): यह आवश्यकता कि एक पेटेंट किए गए आविष्कार का व्यावहारिक उपयोग या औद्योगिक अनुप्रयोग होना चाहिए। यह भारतीय पेटेंट कानून के अंतर्गत पेटेंट योग्यता का एक मानदंड है।

WIPO (विश्व बौद्धिक संपदा संगठन): संयुक्त राष्ट्र की एजेंसी जो बौद्धिक संपदा संरक्षण को बढ़ावा देने और PCT तथा अन्य अंतरराष्ट्रीय IP संधियों को प्रशासित करने के लिए जिम्मेदार है।

www.ingramcontent.com/pod-product-compliance
Lightning Source LLC
LaVergne TN
LVHW050924210926
848482LV00012B/527
* 9 7 9 8 8 8 5 2 1 5 5 8 9 *